Cementerios de dinosaurios en Norteamérica

Grace Hansen

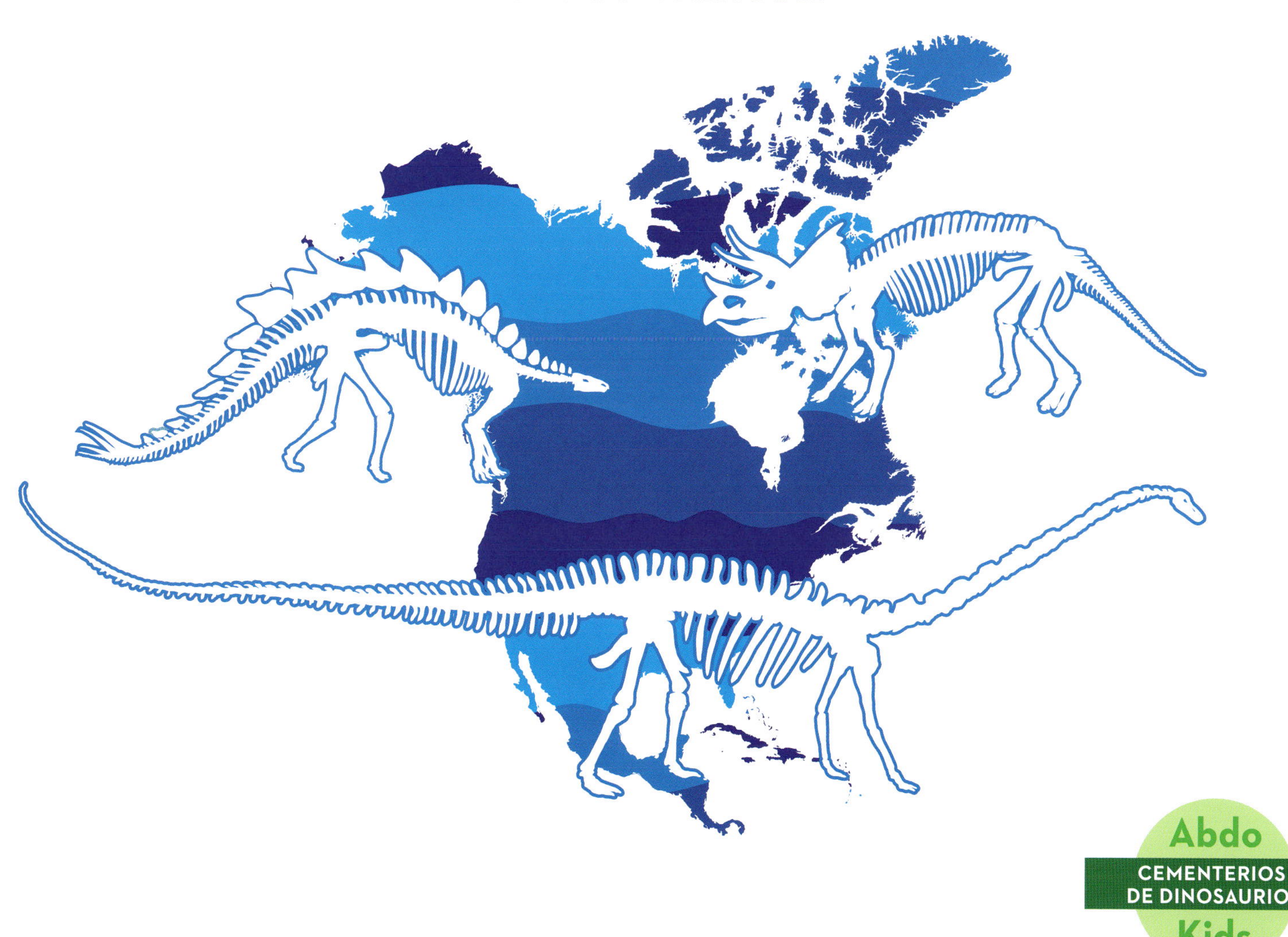

Abdo
CEMENTERIOS DE DINOSAURIOS
Kids

Abdo Kids Jumbo es una subdivisión de Abdo Kids
abdobooks.com

abdobooks.com

Published by Abdo Kids, a division of ABDO, P.O. Box 398166, Minneapolis, Minnesota 55439.

Printed in the United States of America, North Mankato, Minnesota.

052022

092022

Spanish Translator: Maria Puchol

Photo Credits: Getty Images, iStock, Science Source, Shutterstock, ©Jim, the Photographer p13 / CC BY 2.0, ©Rodney p15 / CC BY 2.0

Production Contributors: Teddy Borth, Jennie Forsberg, Grace Hansen
Design Contributors: Candice Keimig, Pakou Moua

Library of Congress Control Number: 2021951639

Publisher's Cataloging-in-Publication Data

Names: Hansen, Grace, author.

Title: Cementerios de dinosaurios en Norteamérica/ by Grace Hansen.

Other title: Dinosaur graveyards in North America. Spanish

Description: Minneapolis, Minnesota: Abdo Kids, 2023. | Series: Cementerios de dinosaurios

Identifiers: ISBN 9781098263461 (lib.bdg.) | ISBN 9781098264024 (ebook)

Subjects: LCSH: Dinosaurs--Juvenile literature. | Fossils--Juvenile literature. | North America--Juvenile literature. | Paleontology--Juvenile literature | Paleontological excavations--Juvenile literature. | Spanish language materials--Juvenile literature.

Classification: DDC 567--dc23

Contenido

Dinosaurios de Norteamérica

Los dinosaurios vivieron hace aproximadamente entre 245 y 66 millones de años. Tras la muerte de un dinosaurio sus restos podían convertirse en fósiles. ¡En perfectas condiciones este proceso tarda más de 10 000 años!

Hay fósiles de dinosaurios en todos los continentes, incluida Norteamérica. Se encuentran normalmente en **formaciones rocosas**. ¡Algunas formaciones conservan más fósiles que otras!

Norteamérica
Europa
África
Sudamérica

Formación Dinosaur Park

La formación Dinosaur Park está en Alberta, Canadá. Es conocida por algunos de sus singulares dinosaurios.

Chasmosaurus

- Ceratópsido
- Finales del Cretácico
- Herbívoro
- Significa “lagarto abierto”, referencia a los grandes huecos en su ornamental craneal

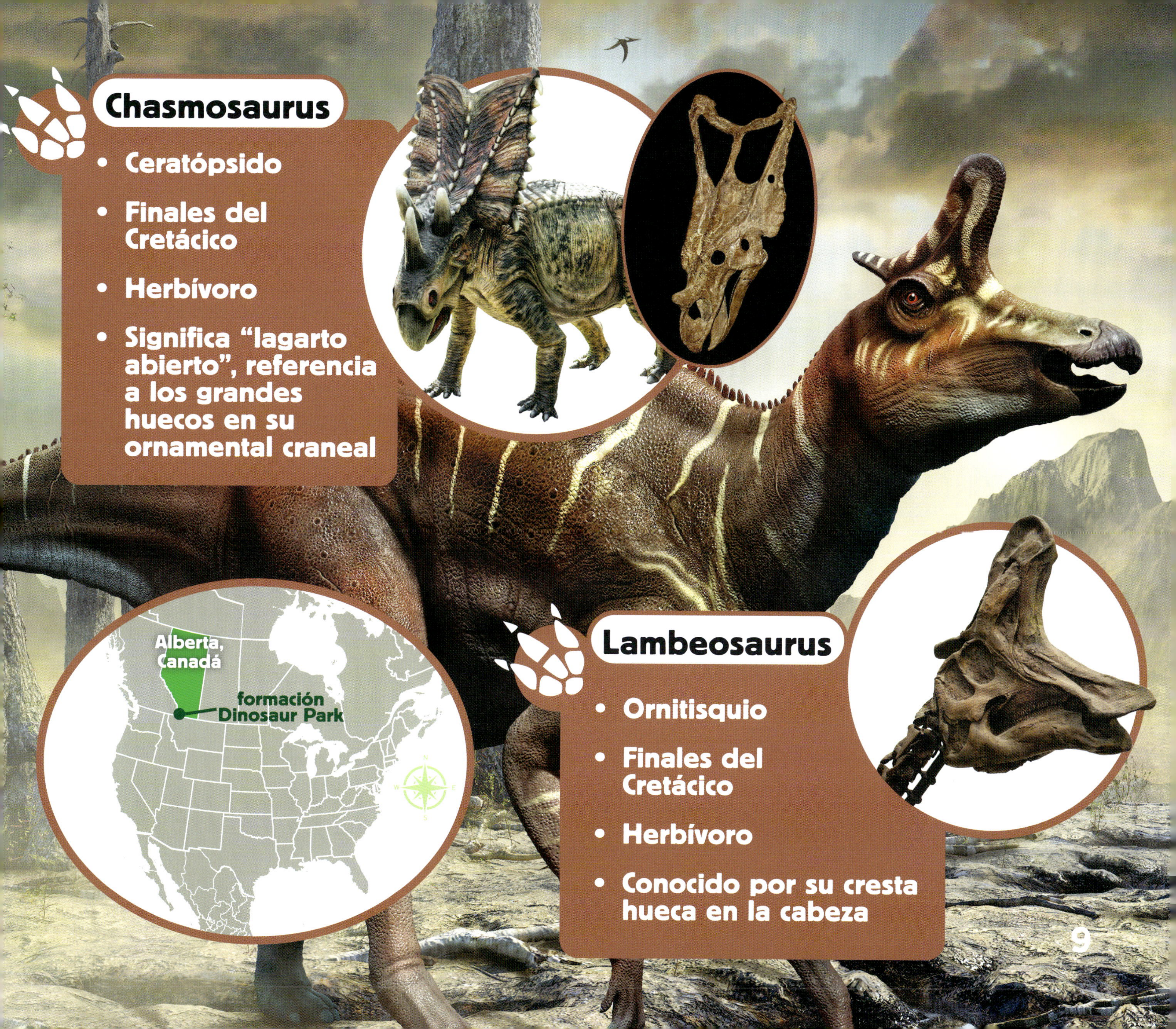

Lambeosaurus

- Ornitisquio
- Finales del Cretácico
- Herbívoro
- Conocido por su cresta hueca en la cabeza

Formación Hell Creek

Esta formación se extiende por todo el noroeste de Estados Unidos. Aquí se encontró uno de los fósiles más completos de Edmontosaurus.

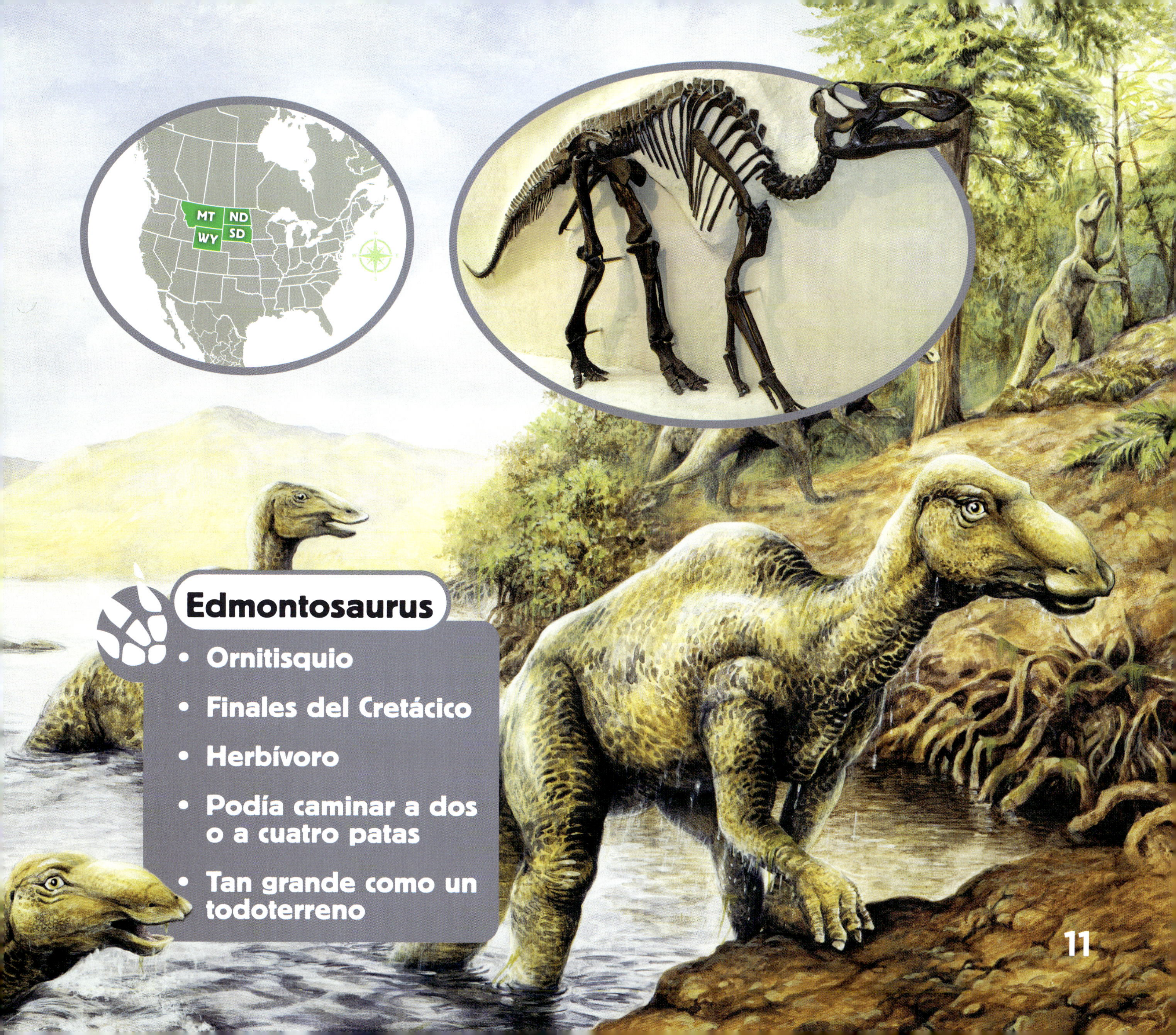

Edmontosaurus

- Ornitisquio
- Finales del Cretácico
- Herbívoro
- Podía caminar a dos o a cuatro patas
- Tan grande como un todoterreno

Formación Woodbury

La formación Woodbury está en Nueva Jersey, Estados Unidos. Aquí se descubrió un fósil muy famoso. Fue el primero en montarse para una exhibición en público.

Hadrosaurus
• Ornitisquio
• Finales del Cretácico
• Herbívoro
• Descubierto en 1858
Nueva Jersey, Estados Unidos

Parque Nacional Big Bend

¡El parque Big Bend de Texas en Estados Unidos tiene grandes dinosaurios! El Alamosaurus es el dinosaurio más grande de Norteamérica.

Parque Nacional
Big Bend
Texas,
Estados
Unidos
Alamosaurus
• Saurópodo
• Finales del Cretácico
• Herbívoro
• Casi tan largo como un avión Boeing 757-500

En este parque también se descubrieron fósiles de **pterosaurio** gigante. Estos restos pertenecieron a uno de los mayores animales voladores de la Tierra.

Quetzalcoatlus

- Pterosaurio
- Finales del Cretácico
- Carnívoro, podría haber sido carroñero
- Tan grande como una jirafa
- Volaba a 80 millas por hora (128 km/h)

Formación Morrison

La formación Morrison es la que más fósiles tiene en Norteamérica. Muchos restos de estegosáuridos están enterrados aquí.

MT
ND
ID
WY
SD
NE
UT
CO
KS
AZ
NM
OK
TX
Stegosaurus
• Estegosáurido
• Finales del Jurásico
• Herbívoro

También se hallaron allí grandes saurópodos y con ellos su mayor **depredador**.

Diplodocus

- Saurópodo
- Finales del Jurásico
- Herbívoro
- Descubierto por primera vez en Colorado, Estados Unidos en 1877

Allosaurus

- Terópodo
- Finales del Jurásico
- Carnívoro
- Podría haber cazado en grupo

Grupos principales de dinosaurios

Anquilosáuridos
- Cuadrúpedos
- Herbívoros
- Fuertemente acorazados
- Cuerpo con forma de tanque
- Algunos con cola de garrote

Ceratópsidos
- Cuadrúpedos
- Herbívoros
- Cuernos largos
- Picos puntiagudos
- De constitución fuerte
- Con enormes cráneos

Ornitisquios

Ornitópodos
- Bípedos
- Herbívoros
- Con pico
- Con muelas

Estegosáurido
- Cuadrúpedos
- Herbívoros
- Con cabeza pequeña
- Con placas óseas pesadas y púas en la columna y la cola

Saurópodos
- Cuadrúpedos
- Herbívoros
- Muy grandes
- Con cuello y cola largas
- Cabeza pequeña

Saurisquios

Terópodos
- Bípedos
- Carnívoros y omnívoros
- Variedad en tamaño: De pequeños y frágiles a muy grandes
- Con brazos cortos

Glosario

carnívoro – animal que se alimenta de otros animales.

depredador – animal que caza otros animales para alimentarse.

formación rocosa – conjunto importante de rocas con unas características físicas que lo diferencian de otras formaciones cercanas.

herbívoro – animal que se alimenta únicamente de plantas.

omnívoro – animal que se alimenta de plantas y de otros animales.

pterosaurio – reptil volador de la época de los dinosaurios. Tenía alas y pico como las aves.

Índice

¡Visita nuestra página **abdokids.com** para tener acceso a juegos, manualidades, videos y mucho más!

Los recursos de internet están en inglés.

Usa este código Abdo Kids

DDK9483

¡o escanea este código QR!